LES
PUNITIONS
DES
CHINOIS,
REPRÉSENTÉS
EN
VINGT-DEUX GRAVURES:
AVEC DES
EXPLICATIONS
EN
ANGLAIS ET EN FRANÇAIS.

A LONDRES,

IMPRIMÉ POUR GUILLAUME MILLER, OLD BOND STREET,
PAR G. BULMER ET CO. CLEVELAND-ROW,
ST. JAMES'S.
1801.

THE
PUNISHMENTS
OF
CHINA,

ILLUSTRATED

BY

TWENTY-TWO ENGRAVINGS:

WITH

EXPLANATIONS

IN

ENGLISH AND FRENCH.

LONDON:

PRINTED FOR WILLIAM MILLER, OLD BOND-STREET,
BY W. BULMER AND CO. CLEVELAND-ROW,
ST. JAMES'S.

1801.

PREFACE.

THE Chinese code of penal laws is compiled in such a manner as to have a punishment appropriated for every crime; a series of these is displayed in the following Plates.

The wisdom of the Chinese Legislature is no where more conspicuous than in its treatment of robbers, no person being doomed to suffer death for having merely deprived another of some temporal property, provided he neither uses, nor carries, any offensive weapon. This sagacious edict renders robbery unfrequent; the daring violator of the laws, hesitating to take with him those means, which might preserve his own life, or affect that of the plundered, in the event of resistance, generally confines his depredations to acts of private pilfering, and a robbery, attended with murder, is, of course, very rarely perpetrated. This instance of justice, moderation, and wisdom, in the Laws of China, receives an unfavorable contrast in the decree, which pronounces the wearing of a particular ornament to be a capital crime; and in the custom of attending to the fallacious information, extorted by the Rack.

Various writers have mentioned other punishments, in addition to those represented in this publication, of a much severer nature, which have been inflicted by the Chinese upon criminals, convicted of regicide, parricide, rebellion, treason, or sedition; but drawings, or even verbal descriptions, of these would be committing an indecorous violence on the feelings, and inducing us to arraign the temperance and wisdom, so universally acknowledged in the government of China.

Exclusive of their novelty and information, the principal recommendations, possessed by representations of this nature, arise from the sensation of security, which they produce in those bosoms that heave upon a tract of the globe, where they are protected from being torn by lengthened agonies; where a person's innocence is not estimated by his mental or corporeal powers of enduring pain; where tyranny, fanaticism, or anarchy, cannot exercise their demoniacal propensities for cruelty; where capital punishment is only instituted and permitted as a necessary link in the chain of social order, to deter the evil-minded from committing outrages against their fellow-creatures, and to debar the offender from the power of perpetrating farther wrong. These intentions are fully answered by publicly depriving the malefactor of his existence, which is effected, in England, in a manner the most instantaneous and least sanguinary, that a compassionate people could adopt; and whose natural intrepidity is farther manifested by this attention to the pangs of suffering humanity.

PREFACE.

Le code des loix pénales en Chine est formé de manière, que la peine est proportionnée au crime; c'est ce que l'on verra dans les Planches suivantes.

Rien ne montre mieux la sagesse de la législation des Chinois, que le traitement des voleurs. On ne condamne personne à mort, pour avoir privé simplement un autre de quelque propriété temporelle, pourvû, cependant, que le voleur ne se serve point d'armes offensives, ou qu'il n'en porte pas.

Cette sage ordonnance rend le vol rare: celui, qui a la temerité de violer les loix, craint de prendre des armes pour pouvoir conserver sa vie, ou attenter à celle de celui qu'il depouille, en cas de résistance; généralement il se borne dans le tort, qu'il fait, à des petits larcins en particulier; et d'ordinaire le vol est très-rarement accompagné du meurtre. Cet exemple de justice, de modération, et de sagesse dans les loix Chinoises, contraste peu favorablement avec le décret, qui prononce la peine de mort contre celui, qui porte un ornement particulier; et avec l'usage de l'attention, que l'on donne aux aveux trompeurs, que l'on arrache par la torture.

Différents écrivains ajoutent aux peines, dont nous parlerons dans cet ouvrage, d'autres supplices, beaucoup plus sévères, que les Chinois font souffrir aux criminels, convaincus de régicide, de parricide, de rébellion, de trahison, ou de sédition; nous n'en donnerons pas les desseins, nous n'en ferons pas même la description; ce seroit faire une violence peu décente aux sentiments de l'humanité; ce seroit nous engager à faire le procès à la modération et à la sagesse universellement reconnues dans le gouvernement de la Chine.

Outre que ces supplices et la torture sont de nouvelle date, les écrivains, qui en ont parlé, sentoient bien que les tableaux, qu'ils en donneroient, ne pourroient produire que la sécurité dans le cœur de ceux, qui habitent une partie du globe, où ils sont à l'abri d'être déchirés par les tortures d'une agonie prolongée ; où l'on ne juge pas de l'innocence d'une personne par le courage de son âme, ou par les forces de son corps à souffrir la douleur; où la tyrannie, le fanatisme, et l'anarchie ne sauroient exercer leur penchant diabolique pour la cruauté ; où la peine de mort n'est instituée et permise que comme un anneau de la chaine de l'ordre social, pour empêcher le mechant d'outrager les hommes, et pour ôter au criminel le moyen de commettre de nouveaux crimes. On remplit parfaitement ces intentions, en privant publiquement le malfaiteur de son existence, ce qui se fait en Angleterre de la manière la plus prompte, et la moins sanguinaire, comme le pouvoit adopter un peuple sensible, qui manifeste encore plus son intrépidité naturelle par l'attention, qu'il donne aux angoisses de l'humanité souffrante.

TABLE OF CONTENTS.

TABLE DES MATIÈRES.

1

Engraved by Dadley, for W. Miller, old Bond St. London, Jan. [illegible]

PLATE I.

A CULPRIT BEFORE A MAGISTRATE.

It is the custom in China, for a Mandarin of justice to administer it daily, morning and evening, in his own house, where he is attended by his secretary, or clerk, and by inferior officers, some of them bearing iron shackles, and others, pan-tsees. Upon his right hand stands the Prosecutor, or Informer; and before him is a table with a covering of silk, and the implements of writing for the secretary to take down the depositions and defence. These having been written in black ink, the magistrate signs them with red, and seals them with the same colour. On the table there are, also, a number of small sticks, tipped with red; these are kept in open cases, and are used in the following manner: if a culprit is convicted of a petty offence, the magistrate causes him to be immediately chastised, and released. The usual punishment, upon such occasions, is the pan-tsee, or bastinade, and the number of blows to be inflicted is signified by the magistrate's casting some of the above mentioned small sticks upon the floor: each stick denotes five blows. The culprit, who, during the examination, has awaited the decree upon his hands and knees, is then seized by the attendants, and punished as will be seen in a subsequent Plate. After the magistrate has thrown the sticks, he talks of other affairs, drinks his tea, or smokes his tobacco.

It is only for trivial breaches of the Chinese Laws, such as drunkenness, cheating, squabbling, boxing, pilfering, insolence or inattention towards a superior, or the like, that any magistrate is empowered to administer punishment in a summary manner. Whenever the crime is of such a description as to call for severer notice, it is generally examined into by five or six tribunals, who not only require very particular information concerning the charge, but scrutinize with minute exactness, into the characters and manners of the accusers.

Their proceedings in capital accusations are thus protracted in China, lest any man should be unjustly deprived of the inestimable benefits of honour or life: and no criminal can be executed, until his trial has been sent to court, and his sentence has been confirmed by the Emperor.

PLANCHE PREMIÈRE.

UN ACCUSÉ DEVANT UN MAGISTRAT.

En Chine un Mandarin de justice a coutume de la rendre tous les jours, matin et soir, dans sa maison, assisté d'un sécrétaire ou clerc, et d'officiers subalternes, dont quelques uns tiennent des fers, et d'autres des pan-tsees. L'accusateur est debout, à sa droite, et devant lui une table couverte en soie, sur laquelle sont toutes les choses nécessaires pour écrire les dépositions et la défense. Lors qu'elles ont été écrites d'encre noir, le magistrat les signe de rouge, et les scelle de la même couleur. On voit, aussi, sur la table un nombre de baguettes rougies par le bout; on les garde dans des boites ouvertes, et l'on s'en sert de la manière suivante. Si un accusé est convaincu d'une légère offense, le magistrat le fait aussitôt châtier et renvoyer. La punition ordinaire en pareilles occasions est le pan-tsee, ou bastonnade; et le magistrat determine le nombre de coups en jettant sur le plancher quelques unes des baguettes, dont chacune marque cinq coups. L'accusé, qui, durant l'examen, a attendu la sentence sur ses mains et ses genoux, est alors saisi par les officiers, et puni, comme on le verra dans une des Planches suivantes. Quand le magistrat a jetté les verges, il parle d'autres affaires, boit son thé, ou fume sa pipe.

Les magistrats n'ont le droit d'infliger ces punitions légères que pour des infractions peu importantes des loix Chinoises, telles que l'yvrognerie, les disputes, la fourberie, les batteries, les petits larcins, l'insolence, le manque de respect envers les supérieurs, ou autres delits semblables. Toutes les fois que le crime est de nature à exiger une plus sévère attention, il subit ordinairement l'examen de cinq ou six tribunaux, qui non seulement entrent dans toutes les particularités de l'accusation, mais encore examinent, avec une attention scrupuleuse, le caractère et les mœurs des accusés.

En Chine les procédures, en matières criminelles, sont ainsi prolongées, de peur qu'aucun homme ne perde injustement les biens inestimables de l'honneur ou de la vie; et l'on ne peut mettre à mort un criminel que son procès n'ait été envoyé à la cour, et sa sentence confirmée par l'Empereur.

2

Engraved by Dadley for W. Miller, Old Bond Str.t London, Jan. 1 1804.

PLATE II.

A CULPRIT CONVEYED TO PRISON.

An iron chain, fastened by a padlock, is put round his neck, and, if he refuses to proceed, inferior officers of justice compel him, after the manner described.

PLANCHE DEUXIÈME.

UN ACCUSÉ CONDUIT EN PRISON.

On lui met autour du corps une chaine de fer, attachée avec un cadenat; s'il refuse de marcher, des officiers subalternes de justice l'y contraignent de la manière représentée.

PLATE III.

A CULPRIT CONDUCTED TO TRIAL.

He is preceded by a man, who strikes upon a gong, in order to draw upon the offender the notice of the public. Two others walk after him, one of whom is employed in keeping up his face with a bundle of cleft canes. A little red banner is fastened on each side of the culprit, to render him more conspicuous; and his hands are tied behind his back.

PLANCHE TROISIÈME.

UN ACCUSÉ CONDUIT EN JUGEMENT.

Il est précédé d'un homme, qui frappe sur un gong, pour attirer sur le malfaiteur l'attention du public : derrière lui marchent deux autres, dont l'un lui fait soutenir le pas avec un faisceau de cannes fendues. L'accusé a, à chacun des côtés, un petit drapeaux rouge, pour le faire mieux remarquer ; et il a les mains attachées derrière le dos.

PLATE IV.

AN OFFENDER UNDERGOING THE BASTINADE.

He is thrown flat upon his face, and held in that position by one, or more, if necessary, of the magistrate's attendants kneeling upon his back, whilst another applies the pan-tsee to his posteriors.

The pan-tsee is a thick piece of split bamboo cane, the lower end of which is about four inches in width, and the upper end small and smooth, to render the instrument more convenient for the hand. Mandarins of power have usually some persons in their train, who attend them with these pan-tsees, whenever they travel, or go into public, and who are ready, at the nod of their master, to exercise their office in the manner described.* After this ceremony, it is customary for the delinquent to return thanks to the Mandarin, for the good care he takes of his education.

* For similar relations of this punishment, See page 488, Vol. II. and Plate XXXI. folio vol. of Sir George Staunton's Account of Lord Macartney's Embassy to China. Also note to the description of Plate LVI. of Major Mason's Costume of China.

PLANCHE QUATRIÈME.

UN CRIMINEL RECEVANT LA BASTONNADE.

Il est couché la face contre terre, et tenu dans cette position par un, ou, s'il est nécessaire, par plusieurs, des officiers de justice, à genoux sur son dos, tandis qu'un autre lui applique le pan-tsee, ou la bastonnade, sur le derrière.

Le pan-tsee est un morceau épais de bambou fendu, dont la partie inférieure est d'environ quatre pouces de large, et la partie supérieure mince et unie, pour rendre l'instrument plus maniable. Les Mandarins de justice ont ordinairement à leur suite, quelques personnes, qui les accompagnent avec les pan-tsees, toutes les fois qu'ils voyagent, ou qu'ils vont en public, et qui sont prêts, au signal de leur maître, d'exercer leur office de la manière rapportée.* Après cette cérémonie, il est d'usage que le délinquant remercie le Mandarin du bon soin, qu'il a pris de son éducation.

* Pour de semblables relations de cette punition, voyez page 488, Volume II. et Planche, XXXI. vol. folio, du Chevalier Staunton, dans le recit qu'il donne de l'Ambassade du Lord Macartney en Chine. Voyez aussi la description de la Planche LVI. du Costume de Chine, par le Majeur Mason.

Engraved by Dadley, for W. Miller, Old Bond Str.t London, [illegible]

PLATE V.

TWISTING A MAN'S EARS.

HE is held securely by two men, in the service of a tribunal, who are instructed to give pain, by a particular method of twisting the cartilages of the ears.

PLANCHE CINQUIÈME.

MANIÈRE DE TORDRE LES OREILLES D'UN HOMME.

Le coupable est tenu, par deux hommes au service d'un tribunal, qui ont une manière particulière de le faire souffrir, en lui tordant les cartilages des oreilles.

6

Engraved by J. Dadley, for W. Miller, Old Bond Str. London, Jan. 1 1801.

PLATE VI.

PUNISHMENT OF THE SWING.

This man is suspended by his shoulders and ankles, in a very painful situation: at intervals, two attending officers afford some trifling alleviation of his sufferings, by supporting him with a bamboo, passed under his breast. Pencil, ink, and paper, are ready, to note down whatever he may say.

This punishment, together with the preceding one, is chiefly inflicted upon such merchants as have been detected in committing frauds, impositions, or any other unwarrantable tricks of trade.

PLANCHE SIXIÈME.

PUNITION DE LA SÉCOUSSE, OU BRANDILLOIRE.

CET homme est suspendu, par les épaules et les chevilles des pieds, dans une position très-douloureuse. Par intervalles, deux officiers, qui l'assistent, apportent quelque peu de soulagement à ses souffrances, en le soutenant avec un bambou passé sous sa poitrine. Un crayon, de l'encre, et du papier, sont prêts, pour tenir note de ce qu'il peut dire. Cette punition, avec la précédente, est principalement infligée aux marchands, qui ont été pris commettant des fraudes, des supercheries, ou tout autre tour insoutenable, de commerce.

7

Engraved by J. Dadley, for W. Miller, Old Bond Str. London, Nov. 1, 1801.

PLATE VII.

PUNISHING A BOATMAN.

A SPECIES of correction appointed for boatmen, or, as they are termed in England, watermen. Having been convicted of some misbehaviour, he is compelled to kneel: one of the officers of justice prevents him from flinching, whilst another grasps his hair, and bestows a certain number of blows upon each side of his face, with a sort of double battledore, made of thick leather.

PLANCHE SEPTIÈME.

PUNITION D'UN BATELIER.

Il y a une sorte de correction pour les bateliers, ou, comme nous les appellons, hommes d'eau. Ayant été convaincu de quelque mauvaise conduite, le coupable est forcé de se mettre à genoux ; un des officiers de justice l'empèche de se tergiverser, tandis qu'un autre le saisit aux cheveux, et lui applique un certain nombre de coups, sur chaque côté de la figure, avec une espèce de double batoir, fait d'un cuir épais.

Engraved by Dadley, for W. Miller Old Bond Str. London, Jan.[illegible]

PLATE VIII.

PUNISHING AN INTERPRETER.

A LARGE piece of bamboo cane is placed behind his knees; this is trampled upon by two men, one standing on each end, and who convey more or less pain, as they approach to, or recede from, his person. A punishment, decreed against interpreters, detected of wilful misinterpretation.

PLANCHE HUITIÈME.

PUNITION D'UN INTERPRÉTE.

ON place derrière les genoux du coupable, une grande morceau de bambou, qui est foulé aux pieds par deux hommes, placés debout aux deux extrémités, et qui lui causent plus ou moins de douleur, selon qu'ils approchent, ou s'éloignent, de sa personne. Cette punition a lieu pour les interprétes, convaincus de mauvaise interprétation, faite de propos délibéré.

9

Engraved by C. Dadley, for W. Miller, Old Bond Str. London, Jan. 1. 1801.

PLATE IX.

THE RACK.

THIS horrible engine of barbarity and error is not peculiar to Roman Catholic countries, it is used even in China, for the purpose of extorting confession. The method of employing it, in torturing the ankles, is exhibited in this Plate. The instrument is composed of a thick, strong plank, having a contrivance at one end to secure the hands, and at the other a sort of double wooden vice. The vice is formed of three stout uprights, two of which are moveable, but steadied by a block, that is fastened on each side. The ankles of the culprit being placed in the machine, a cord is passed round the uprights, and held fast by two men. The chief tormentor then gradually introduces a wedge into the intervals, alternately changing sides. This method of forcing an expansion at the upper part, causes the lower ends to draw towards the central upright, which is fixed into the plank, and thereby compresses the ankles of the wretched sufferer; who, provided he be fortified by innocence, or by resolution, endures the advances of the wedge, until his bones are completely reduced to a jelly.

PLANCHE NEUVIÈME.

LA QUESTION.

Cet horrible instrument de barbarie et d'erreur n'est pas particulier aux païs Catholiques Romains; on en fait usage même à la Chine, pour extorquer l'aveu du patient. On voit, dans cette Planche, la manière de s'en servir, pour mettre les chevilles des pieds à la torture. L'instrument est composé d'une planche épaisse et forte, ayant, à un des bouts, une machine pour s'assurer des mains, et à l'autre, une sorte de double etant de bois. Cet etant est formé de trois forts montants, dont deux sont mobiles, mais fixés par un billet, qui est attaché de chaque côté. Les chevilles des pieds de l'accusé etant placées dans la machine, on passe une corde autour des montants, et deux hommes la tiennent serrée. Le bourreau fait alors entrer, par dégrés, un coin dans les espaces, changeant alternativement de côtés. Cette manière de forcer la partie supérieure de s'élargir fait, que la partie inférieure presse vers le montant du centre, qui est fixé dans la planche, et serré, par là, les chevilles des pieds du malheureux patient, qui, pourvû que son innocence et sa fermeté le fortifient, souffre que le coin avance, jusqu'a ce que ses os soient entièrement reduits en un gelée.

Engraved by Dadley for W. Miller, Old Bond St London, Jan. 1 1801.

PLATE X.

TORTURING THE FINGERS.

THIS is effected by placing small pieces of wood betwixt them, and then drawing them very forcibly together with cords. It is frequently inflicted as a punishment upon disorderly women.

There are no people existing, who pay so sacred an attention to the laws of decency as the Chinese; habituated in preserving the constant appearance of modesty and self-controul, nothing is more uncommon amongst them, than deleterious examples of unblushing vice; and if there be truth in the old maxim, that want of decency, either in action, or in word, betrays a deficiency of understanding, they certainly indicate more sense than some other nations, who affect to excel them in education and refinement. The general manners of people of every condition in China wear as modest a habit, as their persons. They discover no gratification in wresting their proper language into impure meanings; and grossly offensive phrases are only to be heard amongst the very dregs of the community, and at the risk of immediate and severe judicial correction.

PLANCHE DIXIÈME.

MANIÈRE DE METTRE LES DOIGTS À LA TORTURE.

Ce tourment s'éxécute en mettant des petites piéces de bois entre les doigts, et en les serrant fortement ensemble, avec des cordes. Cette punition est fréquemment infligée aux femmes de mauvaise vie.

Il n'y a pas de peuple existant, qui observe, d'une manière aussi sacrée, les loix de la décence, que les Chinois. Accoutumés a conserver l'apparence constante de la modestie, et à s'observer eux-mêmes, rien n'est plus rare parmi eux, que les exemples pernicieux du vice, qui ne rougit pas. Et si l'on en croit la vielle maxime, que le manque de décence dans les actions, ou dans les paroles, annonce un defaut d'intellect, les Chinois montrent certainement plus de sentiment, que quelques autres nations, qui affectent de les surpasser en education, et en rafinement: en général, la manière du peuple, de toute condition en Chine, est de porter un habit aussi modeste que leur personne. Ils ne trouvent aucun plaisir à donner à leur propre langage un sens impur; ce n'est que parmi la lie du peuple, que l'on entend des phrases grossières, et offensantes, et toujours au risque d'une correction judiciaire, immediate, et sévère.

Engraved by Dadley [illegible] W. Miller, Old Bond Str.t London, [illegible]

PLATE XI.

BURNING A MAN'S EYES WITH LIME.

A small quantity of unslacked lime is put into pieces of cotton cloth, and closely applied to the organs of sight.

PLANCHE ONZIÈME.

MANIÈRE DE BRULER LES YEUX DES HOMMES, AVEC LA CHAUX.

On met une petite quantité de chaux vive sur des piéces de toile de coton, et on les applique sur les organes de la vue.

Engraved by Dadley, for W. Miller, Old Bond Str.t London, Jan.y 1. 1801.

PLATE XII.

A MALEFACTOR CHAINED TO AN IRON-BAR.

His neck is encompassed with a very wide cape of iron, which is fitted to his shoulders ; his legs are fettered with iron shackles, and from these, as well as from the cape, a few links extend to the bar, which is about half a yard higher than his head. The links, sliding upon the bar, accommodate themselves to the motions of the prisoner; the small piece of plank, that is attached to the shackles, serves him for a seat. From the top of the bar, there depends a little board, upon which the name and crime of the malefactor are inscribed.

PLANCHE DOUZIÈME.

UN MALFAITEUR ENCHAINÉ À UNE BARRE DE FER.

On lui passe au col un très-large collier de fer, qui s'étend jusqu'à ses épaules : ses cuisses sont chargées de chaines de fer, et de ces chaines, aussi bien que du collier, quelques chaines s'étendent jusqu'à la barre, qui est environ d'une demi-verge plus haute que sa tête. Les chainons, qui glissent sur la barre, obeissent aux mouvemens que fait le prisonnier. Le petit morceau de planche, qui est attaché aux chaines, lui sert de siége. Du haut de la barre, pend une petite planche, sur laquelle sont écrits, le nom, et le crime, du malfaiteur.

兩廣部堂行

PLATE XIII.

THE PUNISHMENT OF THE WOODEN-COLLAR.

THIS punishment is deemed very disgraceful. The collar is formed of heavy pieces of wood, closed together, and having a hole in the centre, which fits the neck of the offender, who, when this machine is upon him, can neither see his own feet, nor put his hands to his mouth. He is not permitted to reside in any habitation, nor even to take rest for any considerable length of time, an inferior officer of justice constantly attending, to prevent him. By night and by day, he carries this load, which is heavier or lighter, according to the nature of the crime, and the strength of the wearer. The weight of the common sort of these wooden collars, is only fifty or sixty pounds, but there are those, which weigh two hundred, and which are so grievous to the bearers that sometimes, through shame, pain, want of proper nourishment, or of natural rest, they have been known to expire under them. The criminals find various methods, however, of mitigating this punishment: by walking in company with their relations and friends, who support the corners of the collar, and prevent it from pressing upon the shoulders; by resting it upon a table, a bench, or against a tree;* or, according to the representation in the accompanying Plate, by having a chair constructed for the purpose, with four posts of equal heights to support the machine. When this ponderous incumbrance is fixed upon an offender, it is always before the magistrate, who has decreed it; and upon each side, over the places where the wood is joined, long slips of paper are pasted, upon which the name of the person, the crime, which he has committed, and the duration of his punishment, are written, in very distinct characters; a seal is likewise stamped upon the paper, to prevent the instrument from being opened. Three months is the usual time appointed for those to bear about this collar, who have been convicted of robbery. For defamation, gambling, or breaches of the peace, it is carried a few weeks; and insolvent debtors are sometimes ordered to bear it, until they have satisfied their creditors.

When the offender is to be liberated from the collar, it must be in the presence of the magistrate, who has imposed it; he then generally orders him a few blows of the pan-tsee, and dismisses him, with an exhortation to comport himself more regularly in future.

Near the figure in this Engraving, are represented the basin and the sort of spoon, by which persons in that situation are supplied with food.

* See folio vol. of Sir George Staunton, Plate XXVIII.

PLANCHE TREIZIÈME.

LA PUNITION DU COLLIER DE BOIS.

On regarde cette punition comme très-dishonorante. Le collier est formé de pesantes piéces de bois, unies ensemble, ayant, au centre, un trou, de la grosseur du col du malfaiteur. Lorsque cette machine est sur lui, il ne peut voir ses pieds, ni porter ses mains à sa bouche. On ne lui permet d'avoir aucune demeure, ni même de prendre de répos, pendant un tems considérable; un officier subalterne de justice l'accompagne constamment, pour l'en empêcher. Il porte, jour et nuit, ce fardeau, dont la pesanteur est proportionnée au crime, et à la force du patient. Ces colliers de bois ne pesent ordinairement, que cinquante ou soixante livres; mais il y en a qui pesent jusqu'à deux cents, et qui accablent tellement ceux, qui les portent, qu'on en a vû quelquefois y succomber de honte, faute d'alimens convénables, ou de repos naturel. Cependant, les criminels trouvent diverses manières d'adoucir ce châtiment; tel, qu'en marchant à côté de leurs parens et amis, qui supportent le coin du collier, et l'empêchent de presser sur les épaules; en l'appuyant sur une table, un banc, ou contre un arbre;* ou, suivant la répresentation dans la Planche ci-jointe, au moyen d'un chaise, faite exprès, avec quatre montants d'une égale hauteur, pour supporter la machine. Quand on charge un coupable de ce poids incommode, c'est toujours en presence du magistrat qui l'a jugé; et de chaque côté, sur les jointures du bois, on colle de longues bandes de papier, sur lesquelles sont écrits, en caractères bien distincte, le nom de la personne, le crime qu'elle a commis, et la durée de sa punition; et pour empêcher d'ouvrir l'instrument, on scelle encore le papier. Ceux qui sont convaincus de vol, sont ordinairement condamnés à porter trois mois, ce collier. Pour diffamer, filauter, troubler la tranquillité publique, on le porte quelques semaines; et quelquefois des débiteurs sans fonds sont obligés le porter jusqu'à ce qu'ils ayent payé leur creanciers.

Quand le coupable est déchargé du collier, ce doit être en presence du magistrat, qui l'a ordonné; alors il lui fait ordinairement appliquer quelque coups du pan-tsee, et le congedie, en l'exhortant à se comporter de plus regulièrement.

Près de la figure, dans cette Planche, sont répresentés le bassin et l'éspêce de cuiller, avec lesquels on donne les alimens aux personnes dans cette situation.

* Voyez vol. in folio, du Chevalier Staunton, Planche XXVIII.

Engraved by J. Dadley, for W. Miller, Old Bond St. London, Jan.y 1. 1801.

PLATE XIV.

A MAN FASTENED TO A LARGE BLOCK OF WOOD.

A strong ring of iron is passed through one corner of a short, heavy, piece of timber. From this ring, a weighty chain is continued round the neck of the man, and fastened, by a padlock, upon his breast.

PLANCHE QUATORZIÈME.

UN HOMME ATTACHÉ À UN GRAND POTEAU.

Un fort anneau de fer est passé dans un coin d'une piéce de bois, courte et pesante. De cet anneau part une lourde chaine, qui, environnant le col de l'homme, est attachée sur sa poitrine, avec un cadenat.

Engraved by Dadley, for W. Miller Old Bond Str.t London, Jan.y 1, 1801.

PLATE XV.

A MALEFACTOR IN A CAGE.

This person is farther secured by a chain from his neck to his ankle, from whence another chain proceeds, round one of the corner posts of his wooden cage, the entrance to which is through two moveable bars; these bars are fastened by an iron bolt, that passes through some staples, and is prevented from sliding, by a padlock.

A plank serves this prisoner for a seat, and for a bed.

PLANCHE QUINZIÈME.

UN MALFAITEUR DANS UNE CAGE.

Cette personne est de plus attachée par une chaine, depuis le col jusqu'à la cheville du pied, d'où une autre chaine s'étend autour d'un des coins de la cage de bois, dont l'entrée se trouve deux barreaux mobiles. Ces barreaux, sont assujettis par un verrouel de fer, qui passe dans plusieurs gaches, et qu'un cadenat empêche de glisser. Une planche sert de siége, et de lit à ce prisonnier.

Engraved by Dadley, for W. Miller, Old Bond Str. London, Jan. 1, 1801.

PLATE XVI.

PUNISHMENT OF THE WOODEN TUBE.

A PIECE of bamboo cane is provided, which nearly corresponds with the height of the criminal, and is of considerable circumference. This bamboo being perfectly hollow, admits the passage of a large iron chain, one end of which is rivetted round a stake, the other encircles his neck, and is confined there by a padlock. His legs are fettered by a few links of chain.

PLANCHE SEIZIÈME.

SUPPLICE DU TUBE DE BOIS.

On prend une canne de bambou, à-peu-près de la hauteur du criminel, et d'une grosseur considérable; à travers ce bambou, parfaitement creux, passe une chaine de fer, dont un bout entoure le col du criminel, et l'autre bout est fixé à un piéce, auquel elle est attachée par un cadenat. Ses jambes sont chargées de fer.

Engraved by Dadley, for W. Miller, Old Bond Str.t London, Jun.e 1. 1801.

PLATE XVII.

HAMSTRINGING A MALEFACTOR.

THIS punishment is reported to have been inflicted upon malefactors, who have endeavoured to make their escape. A vessel containing Chunam, a species of mortar, is at hand, to be applied, by way of styptic, to the wounds. It is said, that this punishment has been lately abolished, the legislature considering, that the natural inclination for liberty, merited not a chastisement of such severity.

PLANCHE DIX-SEPTIÈME.

SUPPLICE DE COUPER LE JARRET À UN MALFAITEUR.

On dit, que ce supplice s'éxercoit sur les malfaiteurs, qui avoient cherché à s'échapper. On voit tout prêt un vase, contenant du Chuman, (espèce de mortier) pour être appliqué sur les blessures, comme un stiptique. On dit, que ce supplice à été, depuis peu, aboli, la legislature considerant, que le désir naturel de la liberté ne meritoit pas un châtiment si sévère.

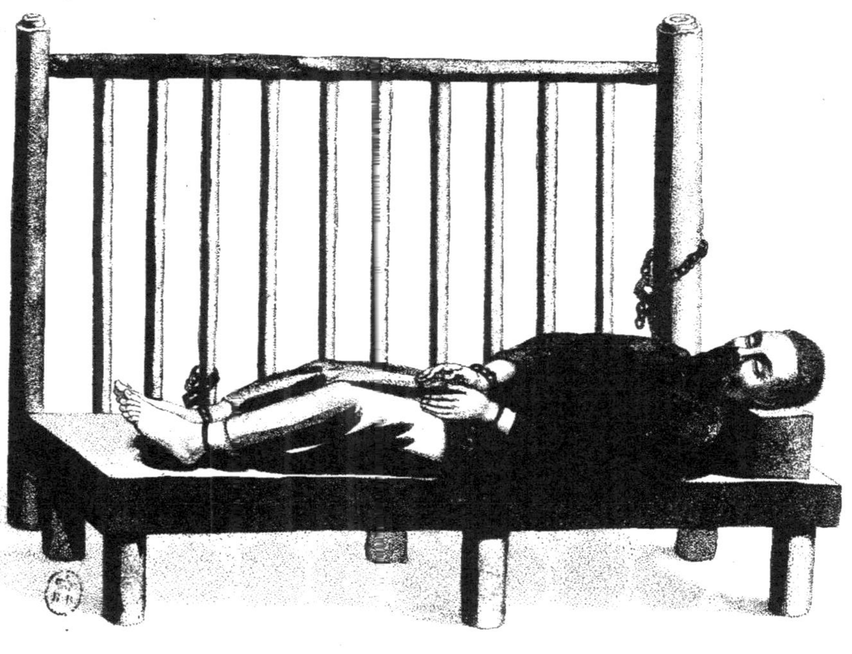

Engraved by J. Dadley for W. Miller, Old Bond St. London, Jan.y 1. 1801.

PLATE XVIII.

CLOSE CONFINEMENT.

THIS criminal is fastened, at full length, upon a sort of bedstead, a chump of wood serving for a pillow. His hands and his feet are loaded with iron manacles and fetters; his neck is chained to a post, and fastened by two padlocks.

This Plate appears to represent a section of the cage described in Plate XV.

PLANCHE DIX-HUITIÈME.

CRIMINEL ÉTROITEMENT RESERRÉ.

CE criminel est attaché, tout de son long, sur une espèce de bois-de lit. Une piéce de bois lui sert d'oreiller. Il a les fers aux pieds, et aux mains. Une chaine qu'il aau col est attachée à un poteau, avec deux cadenas.

Cette Planche paroit répresenter une section de la cage de la Planche XV.

Engraved by Dadley, for W. Miller, Old Bond St. London, [illegible]

PLATE XIX.

CONDUCTING AN OFFENDER INTO BANISHMENT.

A PERSON, sentenced to transportation, is thus led, by an officer of justice, into the country appointed for his future residence. He carries a mat to serve him as a bed, and a leaf of a palm tree, to protect him from the weather. Upon his back, his crime, his sentence, and his name, are displayed in conspicuous characters.

This punishment is inflicted upon those, who have struck an elder brother; who have incurred debts by gaming, which they are unable to pay; and for such other offences as appear to render the perpetrator unworthy to continue in his native country.

When offenders are thus conducted into some distant province, they are to be recalled, but, if into Tartary, their banishment is perpetual.

PLANCHE DIX-NEUVIÈME.

MALFAITEUR CONDUIT AU LIEU DE SON BANISSEMENT.

CELUI, qui est condamné à la déportation, est conduit, par un officier de justice, au lieu de sa nouvelle résidence. Il porte une natte, pour lui servir de lit, et un feuille de palmier, pour le mettre à l'abri du temps. Sur son dos sont écrits, en gros caractères, son crime, sa sentence, et son nom.

On bannit ceux, qui ont frappé un frère ainé; qui ont contracté, au jeu, des dettes qu'ils sont hors d'état de payer; et pour tous les crimes, qui paroissent rendre le coupable indigne de vivre dans le lieu de sa naissance.

Lorsque les criminels ne sont conduits que dans quelques provinces éloignées, on les rapelle; mais en Tartarie leur banissement est perpétuel.

Engraved by Dudley for W. Miller, [illegible]

PLATE XX.

A MALEFACTOR CONDUCTED TO EXECUTION.

THE convict is fettered, and, if he uses abusive or inflammatory language, gagged. His arms are pinioned behind his back, and he bears a board, on which are written his name, his crime, and his sentence. If he hesitates to proceed, he is driven to the place of execution by some inferior officers of justice.

PLANCHE VINGTIÈME.

MALFAITEUR CONDUIT POUR ÊTRE EXÉCUTÉ

Le criminel, atteint et convaincu, est chargé de chaines, et s'il profère des paroles outrageants, on lui met un bâillon dans la bouche. Il a les bras liés derrière le dos, et sur le dos une planche, sur laquelle sont écrits son nom, son crime, et sa sentence. S'il s'arrête, et refuse de marcher, quelques bas officiers de justice le trainent à la place de l'exécution.

Engraved by Dadley for W. Miller, Old Bond Str. London. Jany 1 1801.

PLATE XXI.

THE CAPITAL PUNISHMENT OF THE CORD.

THE usual capital punishments in China are strangling, and beheading. The former is the most common, and is decreed against those, who are found guilty of crimes, which, however capital, are only held in the second rank of atrocity. For instance, all acts of homicide, whether intentional or accidental; every species of fraud, committed upon government: the seduction of a woman, whether married or single; giving abusive language to a parent, plundering or defacing a burying-place; robbing with destructive weapons: and for wearing pearls. It would not, perhaps, be possible to form any probable conjecture of the motive, which has induced the Chinese legislators to attach the pain of death to the wearing of a precious gem. The fact is, therefore, only stated from the information of various writers, and remains to be explained by some future commentator.

Criminals are sometimes strangled with a bow-string, but on general occasions, a cord is made use of, which fastens the person to a cross, and one turn being taken round his neck, it is drawn tight by an athletic executioner.

Men of distinction, are usually strangled, as the more honourable death; and where the Emperor is inclined to shew an extraordinary mark of attention towards a mandarin, condemned to die, he sends him a silken cord, with permission to be his own executioner.

PLANCHE VINGTUNIÈME.

PEINE DE MORT ; LA CORDE.

Il y a deux manières ordinaires en Chine de punir de mort ; on étrangle, ou on coupe la tête. La première est la plus commune ; elle est decernée contre ceux, qui sont jugés coupables de crimes, qui, quoique dignes de mort, ne sont mis qu'au sécond rang des atrocités. Par exemple, tout homicide, soit volontaire, soit par accident ; toute espèce de fraude contre le gouvernement ; séduire une femme, ou mariée ou libre ; outrager des paroles son père, ou son mère ; piller, ou dégrade, un tombeau ; violer avec des armes ; porter des perles. Il ne seroit, peut-être, pas possible de deviner, avec probabilité, le motif, qui a porté les legislateurs de la Chine, à prononcer la peine de mort, pour porter une pierre précieuse ; le fait est établi par différents auteurs, mais on attend encore l'éclaircissement de quelques commentateurs. Les criminels sont quelquefois étranglés avec la corde d'un arc ; mais en général, on fait usage d'une corde, qui attache le patient sur une croix, on le lui passe autour du col, et un exécuteur robuste la serre avec force.

Les personnes de distinction sont ordinairement étranglés ; c'est la mort la plus honorable. Lorsque l'Empereur est porté à donner une marque extraordinaire de son attention a un mandarin condamné à mort, il lui envoye un cordon de soie, avec la permission de s'éxécuter lui-même.

Engraved by Dadley, for W. Miller, Old Bond Str.t London, Jan.y 1, 1801.

PLATE XXII.

THE MANNER OF BEHEADING.

THIS sort of punishment, being deemed in the highest degree ignominious, is only inflicted for crimes, which are regarded by the Chinese government, as the most prejudicial to society; such as conspiracy, assassination, committing any offence against the person of the Emperor, or attempting the life of any of the imperial family; revolting, insurrection, striking a parent, or any other unnatural sort of crime. The malefactor, who is condemned to be beheaded, is made to kneel upon the ground, the board of infamy is taken from his back, and the executioner, by a single blow of a two-handed sword, strikes off his head with great dexterity. These headsmen, and indeed, the generality of inferior officers of justice in China, are selected from the soldiery, according to the custom of primitive barbarians; neither is this employment considered more ignominious, than the post of principal officer of executive justice in other countries. Decapitation is held, by the Chinese, as the most disgraceful kind of death; because the head, which is the principal part of a man, is separated from the body, and that body is not consigned to the grave as entire as he received it from his parents. If a great mandarin be convicted of any atrocious offence, he is executed in this manner like the meanest person. After the head is severed, it is frequently suspended from a tree, by the side of a public road; the body is thrown into a ditch, the law having deemed it unworthy the respect of regular funereal rites.

When a sentence is submitted to the Emperor for his approbation, if the crime be of the first degree of atrocity, he orders the malefactor to be executed without delay; when it is only of an ordinary nature, he directs, that the criminal shall be imprisoned until the autumn, and then executed; a particular day of that season being allotted for such ceremonies.

The Emperor of China seldom orders a subject to be executed, until he has consulted with his first law officers, whether he can avoid it, without infringing on the constitution of his realm. He fasts for a certain period, previous to signing an order for an execution; and his imperial majesty esteems those years of his reign the most illustrious and most fortunate, in which he has had the least occasion to let fall upon his subjects the rigorous sword of justice.

Printed by W. Bulmer and Co. Russel-court, Cleveland-row St. James's.

PLANCHE VINGTDEUXIÈME.

MANIÈRE DE COUPER LA TÊTE, OU DECAPITER.

Cette peine passe pour le plus ignominieuse. On ne l'inflige que pour des crimes, que le gouvernement Chinois regarde comme les plus préjudiciables à la société ; telles que les conspirations, l'assassinat, les offenses contre la personne de l'Empereur, attenter à la vie des personnes de la famille impériale, la revolte, l'insurrection, frapper son père ou sa mère, et toute autre espèce de crimes, contraires à la nature. Le malfaiteur, condamné à être décapité, est à genoux par terre; on lui retire la planche qu'il a sur le dos, et l'exécuteur, d'un seul coup d'un large cimeterre, lui coupe la tête, avec beaucoup de dextérité. Ces exécuteurs, et la plus part des officiers inférieurs de justice, en Chine, sont choisi parmi les soldats, selon l'usage des anciens barbares. On ne croit pas leur emploi plus ignominieux que la place du principal officier de la justice éxécutive dans un autre paÿs.

Avoir la tête coupée, c'est parmi les Chinois la mort la plus infame, parceque la tête, qui fait la partie principale de l'homme, est séparée du corps; et l'on ne donne pas la sépulture à ce corps, parcequ'il n'est pas entier, comme on l'avoit reçu de la nature. Un mandarin, convaincu d'un crime atrôce, est exécuté de la même manière que les personnes de la plus basse condition. Après que la tête est séparée, on la suspend fréquemment à un arbre sur une route publique, et on jette le corps dans un fosse; la loi le juge indigne du respect des cérémonies ordinaires des funerailles.

Lorsque la sentence est soumise à l'Empereur, pour obtenir son approbation, si le crime est du premier dégré d'atrocité, l'Empereur fait éxécuter le malfaiteur sans delay ; si le crime n'a point ce dégré d'atrocité, il ordonne que le criminel soit emprisonné jusqu'à l'automne, pour être exécuté le jour, qui est fixé dans cette saison pour ces exécutions.

L'Empereur de la Chine fait rarement exécuter un de ses sujets, sans avoir consulté les premiers officiers de justice, pour savoir s'il peut l'éviter, sans enfreindre, ou mettre en danger, la constitution de son royaume. Avant de signer l'ordre de l'exécution, il jeune un certain temps ; il regarde comme les années les plus illustres, et les plus fortunées de son règne, celles où il a eu le moins d'occasions de faire tomber sur ses sujets le glaive rigoureux de la justice.

Imprimé par Guillaume Bulmer et Co.
Cleveland Row, St. James's.

www.ingramcontent.com/pod-product-compliance
Lightning Source LLC
LaVergne TN
LVHW050010180826
845678LV00021B/223

* 9 7 8 2 3 2 9 7 3 1 6 1 2 *